Das Gesetz über Schußwaffen und Munition vom 12. April 1928 unter besonderer Berücksichtigung der bayerischen Verhältnisse

Von

Oberregierungsrat Weigand
in Würzburg

Sonderdruck aus der „Bayerischen Gemeinde- und Verwaltungszeitung" 1928 Nr. 33, 35 und 36

1928

München, Berlin und Leipzig
J. Schweitzer Verlag (Arthur Sellier)

Das Gesetz über Schußwaffen und Munition vom 12. April 1928 unter besonderer Berücksichtigung der bayerischen Verhältnisse.

Von Oberregierungsrat Weigand in Würzburg.

Abkürzungen:

AusfV. = Ausführungsverordnung zu dem Gesetz über Schußwaffen und Munition vom 13. Juli 1928 — RGBl. I S. 198 —

Begr. = Begründung zum Entwurf eines Gesetzes über Schußwaffen und Munition vom 13. März 1928 (RT. Drucksache Nr. 4105).

BGB. = Bürgerliches Gesetzbuch vom 18. August 1896.

GO. = Gesetz vom 17. Oktober 1927 über Gemeindeordnung — GVBl. S. 293 —.

GVBl. = Gesetz- und Verordnungsblatt.

MABl. = Ministerial-Amtsblatt.

PStGB. = Polizeistrafgesetzbuch für Bayern vom 26. Dezember 1871.

RG. = Reichsgesetz vom 12. April 1928 — RGBl. I S. 143 — über Schußwaffen und Munition.

RGBl. = Reichsgesetzblatt.

RGO. = Gewerbeordnung für das Reich.

RT. = Verhandlungen des Reichstages III. Wahlperiode 1924/28.

VollzB. = Bekanntmachung des Bayerischen Staatsministeriums des Innern vom 31. August 1928 — MABl. S. 77 — zum Vollzug des Reichsgesetzes über Schußwaffen und Munition.

Weber = Karl Weber, neue Gesetz- und Verordnungen-Sammlung für Bayern.

Inhalts-Übersicht.

Einleitung.

Die Verbrechen und Vergehen, die unter Zuhilfenahme von Schußwaffen begangen wurden, hatten bereits vor dem Kriege erheblich zugenommen. Durch den Krieg und den nachfolgenden Umsturz war eine weitere Zunahme dieser Verbrechen zu verzeichnen. Durch Verordnung vom 13. Januar 1919 — RGBl. S. 31, 122 — über Waffenbesitz wurde eine allgemeine Ablieferungspflicht für Schußwaffen und Munition aller Art zu solchen Waffen eingeführt und mit Gesetz vom 7. August 1920 — RGBl. S. 1553 — über die Entwaffnung der Bevölkerung wurde die Ablieferungspflicht auf alle Militärwaffen ausgedehnt. Trotz dieser Vorschriften befinden sich noch immer weite Kreise der Bevölkerung nicht nur in unberechtigtem Besitz von Schußwaffen und Munition jeder Art, sondern machen auch von diesen in ungesetzlicher Weise Gebrauch. Es ist bekannt, daß das Verbrechertum größtenteils bewaffnet ist und von seiner Schußwaffe in rücksichtsloser Weise Gebrauch macht, wenn es bei seiner Tätigkeit überrascht oder gestört wird. Belege dafür bringen die fast täglichen Vorgänge in den Großstädten und die Zusammenstöße der Jagd- und Forstbeamten mit Wilderern.

Zur Wiederherstellung der öffentlichen Sicherheit legte deshalb der Reichsminister des Innern dem Reichstag am 13. März 1928 den Entwurf eines Gesetzes über Schußwaffen und Munition mit Begründung[1]) vor, der einen Mißbrauch der Schußwaffen nach Möglichkeit verhindern soll. Der Entwurf bezieht sich lediglich auf Schußwaffen und Munition. Die gesetzliche Regelung hinsichtlich der sonstigen Waffen (Stoß- oder Hiebwaffen, Gummiknüppel, Schlagringe usw.) bleibt den Ländern wie bisher vorbehalten. Der Entwurf wurde in 1., 2. und 3. Lesung ohne jede Wortführung angenommen[2]). Das Gesetz vom 12. April 1928 wurde im RGBl. I Nr. 18 vom 20. April 1928 veröffentlicht.

Das neue Gesetz greift tief in die Verhältnisse der Waffen- und Munitionsfabriken sowie der Waffen- und Munitionshändler ein; es ist von besonderer Wichtigkeit und Bedeutung für die ganze Deutsche Jägerei und den Deutschen Schießsport und legt endlich jedem, der eine Schußwaffe führte, erwerben oder überlassen will, Verpflichtungen auf, so daß eine systematische Darstellung des nicht sehr übersichtlichen Rechtsstoffes wünschenswert erscheinen mag.

---

[1]) RT., Drucksache Nr. 4105.

[2]) RT., Stenographische Berichte Bd. 395 S. 13778, 13876.

Die rechtliche Grundlage bilden für Bayern folgende Vorschriften:

1. Gesetz über Schußwaffen und Munition vom 12. April 1928 — RGBl. I S. 143 — („RG.").

2. Ausführungsverordnungen hiezu v. 13. Juli 1928. — RGBl. I S. 198 — („AusfV.").

3. Bayer. Vollzugs-Bekanntmachung hiezu v. 31. August 1928. — MABl. S. 77 („VollzB.".)

Teil I.

Abschnitt I: Allgemeines.

A. Begriffe: **Schußwaffen, Munition, fertige oder vorgearbeitete wesentliche Teile.**

I. Schußwaffen im Sinne des Gesetzes sind Waffen, bei denen ein Geschoß oder eine Schrotladung mittels Entwicklung von Zerknallgasen oder Druckluft durch einen Lauf getrieben wird[3]).

II. Als Munition gilt fertige Munition zu Schußwaffen sowie Schießpulver jeder Art[4]).

Den Vorschriften des Gesetzes mit Ausnahme der Bestimmung in Abschn. III Buchst. F unterliegen nicht folgende Schußwaffen und die dazu gehörige Munition:

1. Vorderladerwaffen, insbesondere Lunten-schloß-, Radschloß-, Steinschloß-, Perkussionsgewehre, -Revolver und -Pistolen.

2. Von den Hinterladerwaffen:

a) sämtliche Modelle bis zum Konstruktionsjahr 1870 einschl.;

b) Waffen mit nicht gezogenen Läufen, sofern die Länge des Laufs, gemessen von der Mündung bis zum Stoßboden, mehr als 25 cm und sofern das Kaliber nicht mehr als 9 mm beträgt;

c) Druckluftwaffen mit einem Kaliber von 7 mm und darunter;

---

[3]) RG. § 1 Abs. 1.
[4]) RG. § 1 Abs. 2.

d) Zimmerstutzen, Kaliber 4 mm und darunter für Zündhütchen mit Bleirundkugeln, sofern nicht durch die Herausnahme eines etwaigen Einstecklaufes der Zimmerstutzen zu einer gebrauchsfähigen, dem Gesetz unterliegenden Schußwaffe mit größerem Kaliber umgewandelt werden kann;

e) Flobertwaffen (Teschings) mit gezogenem Laufe, soweit es sich nicht um Mehrlader handelt, im Gewicht bis zu 2 kg und mit einem Kaliber von 6 mm und darunter.

f) Leuchtpistolen.

g) Scheintod- und Schreckwaffen, sofern sie ihrer Konstruktion nach lediglich zum Verfeuern von Knall- oder Gaspatronen, die keine Durchschlagskraft besitzen, benutzt werden können.

h) Selbstschußapparate.

i) Viehbetäubungsapparate[5]).

Gewehrgranaten, Handgranaten und sonstige mit Sprengstoffen gefüllte Nahkampfsmittel sowie alle Sprengstoffe außer Schießpulver unterliegen nicht den Bestimmungen des RG., sondern denen des Gesetzes vom 9. Juni 1884 — RGBl. S. 61 — gegen den verbrecherischen und gemeingefährlichen Gebrauch von Sprengstoffen[6]).

III. Fertige oder vorgearbeitete wesentliche Teile von Schußwaffen oder Munition stehen fertigen Gegenständen dieser Art gleich[7]). Als wesentliche Teile bei Schußwaffen sind anzusehen Lauf, Verschluß, Trommel, bei Munition Hülse und Geschoß.

Als vorgearbeitete wesentliche Teile sind nur solche Gegenstände anzusehen, die sich in einem derartig vorgeschrittenen Herstellungszustand befinden, daß sie ohne besondere maschinelle Vorrichtungen fertig bearbeitet und zur Zu-

---

[5]) AusfV. § 1.
[6]) Begr. zu § 1.
[7]) RG. § 1 Abs. 3.

sammensetzung gebrauchsfähiger Schußwaffen oder gebrauchsfähiger Munition verwendet werden können[8]).

B. Zuständigkeit: **„Höhere Verwaltungsbehörde", „Polizeibehörde".**

„Höhere Verwaltungsbehörde" und „Polizeibehörde" im Sinne der AusfV. sind in Bayern im allgemeinen die Bezirkspolizeibehörden, also die Bezirksämter und die Stadträte der kreisunmittelbaren Städte, dann in München und Nürnberg-Fürth die Polizeidirektion[9]). Ueber Ausnahmen siehe Abschn. II Buchst. B Ziff. III.

C. **Formblätter.**

Sämtliche vorgeschriebenen Formblätter und Vordrucke sind von dem bayerischen Kommunalschriftenverlag in München, Barerstraße 32 erhältlich[10]).

D. **Inkrafttreten des Gesetzes; Fristenberechnung.**

Das Gesetz tritt am Montag den 1. Okt. 1928 in Kraft[11]).

In dem Gesetz sind einige Fristen festgesetzt, die nach einer gewissen Zeit nach Inkraftreten des Gesetzes ablaufen. Ihre Berechnung bemißt sich nach dem BGB[12]). Es endigt die Frist von

6 Wochen[13]) mit Ablauf des Sonntag, 11. Nov. 1928,
1 Monat[14]) mit Ablauf des Mittwoch, 31. Okt. 1928.
6 Monaten[15]) mit Ablauf des Sonntag, 31. März 1929,

---

[8]) AusfV. § 2.
[9]) AusfV. § 26; VollzV. Ziff. I.
[10]) VollzV. Ziff. IV Abs. 2 Schlußsatz.
[11]) RG. § 34.
[12]) BGB. §§ 187 Abs. 2, 188 Abs. 2.
[13]) RG. § 31.
[14]) RG. § 30.
[15]) RG. § 29 Abs. 2; § 34 Abs. 2.

Abschnitt II: Die Herstellung von Schußwaffen und Munition sowie der Handel mit diesen Gegenständen.

A. Genehmigungspflicht.

I. Umfang.

Der Genehmigung bedarf, wer gewerbsmäßig Schußwaffen oder Munition

1. herstellen, bearbeiten oder instandsetzen will; als Herstellung von Munition gilt auch das Wiederladen von Patronen,

2. erwerben, feilhalten oder anderen überlassen oder wer gewerbsmäßig den Erwerb oder das Ueberlassen solcher Ware vermitteln oder sich gewerbsmäßig zum Erwerb oder Ueberlassen solcher Waren erbieten will[16]).

Für die Errichtung von Pulverfabriken oder sonstigen Anlagen zur Munitionsbereitung bleibt daneben die Genehmigung nach RGO. § 16 im bisherigen Umfange erforderlich[17]).

Die Genehmigung nach Ziff. 2 darf nicht erteilt werden:

1. Tröblern,

2. den in Abschnitt III Buchst. C Ziff. I bezeichneten Personen, denen Waffen- (Munitions-) Erwerbsscheine oder Waffenscheine nicht ausgestellt werden dürfen; Ausnahmen sind zulässig[18]).

Verboten ist der Handel mit Schußwaffen oder Munition

1. im Umherziehen,

2. auf Jahrmärkten, Schützenfesten und Messen mit Ausnahme der Mustermessen.

Nicht unter dieses Verbot fällt das Feilhalten und Ueberlassen der auf den Schießständen be-

---

16) RG. § 2 Abs. 1 § 5 Abs. 1.
17) RG. § 2 Abs. 3.
18) RG. § 6.

nötigten Munition [19]). Bei Schützenfesten dürfen also die Schützen sich ihre Patronen auf dem Scheibenstand selbst von einem zu diesem Zwecke anwesenden Büchsenmacher füllen lassen.

Dadurch, daß die Gegenstände vom Verkauf und Feilbieten im Umherziehen ausgeschlossen sind (RGO. § 55), unterliegen sie auch dem Verbot des sogen. Stadthausierens nach RGO. § 42a; sie dürfen also nicht von Haus zu Haus oder auf öffentlichen Wegen, Straßen, Plätzen oder an anderen öffentlichen Orten feilgeboten oder zum Wiederverkauf angeboten werden [20]).

Verboten ist weiter öffentlichen und privaten Pfandleihern das Beleihen von Schußwaffen und Munition [21]). Das Verbot mußte getroffen werden, weil andernfalls Pfandscheine über verpfändete Schußwaffen und Munition veräußert und alsdann von Personen eingelöst werden, die keine Waffen- oder Munitionserwerbscheine haben [22]).

II. Verfahren.

1. Zuständig zur Erteilung der Genehmigung und zu ihrer Rücknahme ist die Bezirkspolizeibehörde (Abschn. I Buchst. B), in deren Bezirk der Gewerbe- oder Handeltreibende seine gewerbliche Niederlassung hat oder betreiben will [23]).

2. Das formelle Verfahren richtet sich in Bayern nach den für Polizeisachen maßgebenden Vorschriften. Die Bezirkspolizeibehörde entscheidet sohin im ersten Rechtszug. Der Bescheid ist den Beteiligten schriftlich zu eröffnen; er muß mit Gründen versehen sein. Bei der notwendigen Beschwerdebelehrung sind besonders zu beachten die

---

[19]) RG. § 7.
[20]) Begr. zu § 7.
[21]) RG. § 8.
[22]) Begr. zu § 8.
[23]) AusfV. §§ 3, 4.

Vollzugsvorschriften zum Verwaltungsgerichtsgesetz § 7 i. d. F. vom 7. März 1924 (GVBl. S. 67). Die Beschwerde ist an die nächstvorgesetzte Behörde, also die Regierung, Kammer des Innern, zulässig; die Beschwerde muß bei Verlust derselben binnen 14 Tagen, vom Tage der Eröffnung des Bescheides an gerechnet, angelegt und gerechtfertigt, d. h. es müssen wenigstens Grund und Zweck der Beschwerde kurz angegeben werden. Die Regierung entscheidet im Verwaltungsrechtssenat von 3 Mitgliedern auf Grund öffentlicher und mündlicher Verhandlung; ihre Entscheidung ist endgültig [24]).

Für die Errichtung von Pulverfabriken oder sonstigen Anlagen zur Munitionsbereitung ist daneben das Verfahren nach RGO. §§ 16 ff. durchzuführen [25]).

3. In sachlicher Beziehung enthält das Gesetz keine Bestimmung darüber, unter welchen Voraussetzungen die Genehmigung erteilt oder zurückgenommen werden darf; es bestimmt lediglich, daß die Genehmigung oder ihre Zurücknahme von der Bedürfnisfrage nicht abhängig gemacht werden darf [26]). Dadurch soll die Schaffung von Monopolen verhindert werden. Das Gesetz überläßt demnach die Entscheidung dem pflichtmäßigen Ermessen der zuständigen Behörde. Bei der Entscheidung ist vom sicherheitspolizeilichen Standpunkt auszugehen. Von diesem Standpunkt aus kann im Einzelfalle insbesondere bei der Genehmigung zur Bearbeitung und Instandsetzung von Schußwaffen der Mangel fachlicher Vorbildung für sich allein oder in Verbindung mit anderen Umständen zur Versagung der Genehmigung führen. Dagegen darf nach der Entstehungsgeschichte und dem Sinne der Vorschrift die Genehmigung von dem förm-

---

[24]) RG. §§ 3, 32; VollzB. Ziff. II Abs. 2.
[25]) RG. § 2 Abs. 3.
[26]) RG. § 2 Abs. 2.

lichen Nachweis fachlicher Vorbildung nicht abhängig gemacht werden. Selbstverständlich ist die Genehmigung für jeden Betrieb zu versagen, der dem geltenden Rechte widerspricht (vergl. §§ 7 und 33 des Reichsgesetzes[27]).

Vor Erteilung der Genehmigung oder deren Rücknahme ist die örtlich zuständige amtliche Berufsvertretung (Industrie- und Handelskammer, Handwerkskammer) gutachtlich zu hören[28]).

4. Ist die Genehmigung endgültig versagt oder zurückgenommen, so kann ein neuer Antrag auf Erteilung der Genehmigung erst gestellt werden, wenn seit der Zustellung der endgültigen Entscheidung mindestens 3 Jahre verflossen sind.[29])

III. Uebergangsbestimmungen.

1. Nach Ablauf von 6 Monaten nach Inkrafttreten des Gesetzes dürfen im Inlande nur solche Schußwaffen gewerbsmäßig feilgehalten oder anderen überlassen werden, welche die Firma oder das eingetragene Warenzeichen des Herstellers oder des Händlers und eine fortlaufende Herstellungsnummer tragen.

Schußwaffen, die nicht die Firma oder das eingetragene Warenzeichen eines inländischen Herstellers tragen, müssen außer der Herstellungsnummer die Firma oder das eingetragene Warenzeichen eines im Inland wohnenden Händlers tragen.[30])

Die Begründung führt dazu folgendes aus: „Die Vorschrift liegt im Interesse der Aufklärung von strafbaren Handlungen, die mittels Schußwaffen begangen werden. Sie entspricht übrigens

[27]) VollzV. Ziff. II Abs. 1; Begr. zu § 2.
[28]) AusfV. § 3.
[29]) RG. § 4.
[30]) RG. § 9.

einem in reellen Händlerkreisen längst geübten Brauche. An Stelle des Aufdrucks der Firma oder des eingetragenen Warenzeichen des Herstellers soll der Aufdruck der Firma oder des eingetragenen Warenzeichens des nach § 5 konzessionierten Händlers genügen. Dieser Zusatz ist außer für importierte Waffen auch für Fälle notwendig, wo ein Großhändler oder Büchsenmacher bestimmte Modelle mit seiner eigenen Marke herausbringt oder wo aus Konkurrenzgründen der Fabrikant nicht für jeden Dritten kenntlich sein will. Für die Zwecke des Gesetzes genügt diese Kennzeichnung, da sich aus den Geschäftsbüchern des Großhändlers oder Büchsenmachers die Herkunft der Waffe ergeben muß. Um sicherzustellen, daß die Herkunft solcher Waffen, die nicht Firma oder Warenzeichen eines inländischen Herstellers tragen, einwandfrei nachgewiesen werden kann, ordnet Abs. 2 an, daß in solchen Fällen die Waffe außer der Herstellungsnummer Firma oder Warenzeichen eines im Inland wohnenden Händlers tragen muß." [31])

2. Wer beim Inkrafttreten des Gesetzes ein genehmigungspflichtiges Gewerbe betreibt, hat die Genehmigung binnen einem Monat nach dem Inkrafttreten des Gesetzes zu beantragen. [32])

IV. Strafbestimmungen: RG. §§ 25, 26, 30 Abs. 2.

B. Buchführungspflicht: Waffenbuch, Waffenhandelsbuch.

I. Wer gewerbsmäßig Schußwaffen herstellt, bearbeitet oder instandsetzt (A I 1), hat ein Waffenbuch nach dem vorgeschriebenen Muster zu führen, aus dem der Verbleib der Schußwaffen hervorgeht. [33]) Der Veräußerer hat sich

---

[31]) Begr. zu § 9.
[32]) RG. § 30 Abs. 1.
[33]) AusfB. § 7 Abs. 1.

davon zu überzeugen, daß der Erwerber zum Erwerb von Schußwaffen berechtigt ist.[34])

II. Wer mit Schußwaffen ein Gewerbe nach A I 2 betreibt, hat ein Waffenhandelsbuch nach dem vorgeschriebenen Muster zu führen, aus dem die Herkunft und der Verbleib der Schußwaffen hervorgeht.[35]) Der Veräußerer hat sich davon zu überzeugen, daß der Erwerber zum Erwerb von Schußwaffen berechtigt ist. Zu diesem Zwecke hat er sich den Waffenerwerbschein, Waffenschein oder Jagdschein vorlegen zu lassen und in Spalte 15 Datum, Nummer und Ausfertigungsbehörde des Scheines zu vermerken. Ist der Erwerber zum Erwerbe von Schußwaffen ohne Waffenerwerbschein, Waffenschein oder Jagdschein berechtigt, so ist dies in Spalte 15 zu vermerken (z. B. Reichsbehörde, Waffenhändler).[36])

Für das gewerbsmäßige Vermitteln des Erwerbs oder des Ueberlassens von Schußwaffen ist das Waffenhandelsbuch nach einem besonders vorgeschriebenen Muster anzulegen.[37])

III. Gemeinsames für I. und II.

1. Das Waffen- und Waffenhandelsbuch muß dauerhaft gebunden und mit fortlaufenden Seitenzahlen versehen sein. Bevor es in Gebrauch genommen wird, ist es von der Polizeibehörde unter Beglaubigung der Seitenzahl abzustempeln. In dem Buche dürfen weder Rasuren vorgenommen noch Eintragungen unleserlich gemacht werden. Alle Eintragungen müssen in deutscher Sprache und mit Tinte oder Tintenstift bewirkt werden. Das Buch ist zum 31. Dezember eines jeden Jahres sowie beim Wechsel oder bei der

---

[34]) AusfV. § 7 Abs. 2.
[35]) AusfV. § 8 Abs. 1.
[36]) AusfV. § 8 Abs. 2.
[37]) AusfV. § 9.

Einstellung des Betriebes abzuschließen und binnen einem Monat nach Beginn des nächsten Kalenderjahres oder nach dem Wechsel oder nach der Einstellung des Betriebs der Polizeibehörde zur Bestätigung des Abschlusses einzureichen. Nach dem Jahresabschlusse dürfen nur noch die in dem abgeschlossenen Teile enthaltenen Eintragungen mit entsprechenden Ausgangsvermerken versehen werden. Das Buch ist stets auf dem laufenden zu halten und mit den erforderlichen Unterlagen der Polizeibehörde oder deren Beauftragten auf Verlangen jederzeit vorzulegen.

Der Gewerbetreibende ist verpflichtet, das Buch bis zum Ablauf von 20 Jahren, von dem Tage der darin vorgenommenen letzten Eintragung an gerechnet aufzubewahren. Gibt der Gewerbetreibende das Gewerbe auf, so hat er die von ihm geführten Bücher der Polizeibehörde zu übergeben.[38])

Polizeibehörde i. S. des vorstehenden Absatzes 1 Satz 2 und 5 ist die Ortspolizeibehörde,[39]) also in den Gemeinden, die der Staatsaufsicht des Bezirksamtes unterstehen, der erste Bürgermeister, in den übrigen Gemeinden der Stadtrat.[40]) Polizeibehörde i. S. der übrigen Bestimmungen ist die Bezirkspolizeibehörde. (Abschnitt I Buchst. B).

2. Strafbestimmungen. RG. § 27.

C. Aushang der Vorschriften.

Abdruck des RG. sowie der AusfV. ist in den Verkaufsräumen des Gewerbetreibenden an gut sichtbarer Stelle auszuhängen.[41])

---

[38]) AusfV. § 10.
[39]) VollzV. Ziff. I Abs. 1 Satz 2 und 3.
[40]) GO. Art. 51, 54 Abs. 4.
[41]) AusfV. § 10 Abs. 3.

Abschnitt III: Führen, Erwerb, Einfuhr und Besitz von Schußwaffen und Munition.

A. Führen von Schußwaffen: Waffenschein.

I. Verpflichtung zum Beisichtragen des Waffenscheines.

Wer außerhalb seiner Wohnung, seiner Geschäftsräume oder seines befriedeten Besitztums eine Schußwaffe führt, muß einen nach dem vorgeschriebenen Muster behördlich ausgestellten Erlaubnisschein (Waffenschein) bei sich tragen.[42])

Aus praktischen Erwägungen wurde davon abgesehen, den Waffen= (Munitions=) Besitzschein im allgemeinen einzuführen, in dem Sinne, daß schon der bloße Besitz von Schußwaffen oder Munition von einer polizeilichen Erlaubnis abhängig ist wie dies in verschiedenen Staaten so insbesondere in Oesterreich, Portugal, Rußland, Ungarn der Fall ist. Es wurde nur das Führen einer Schußwaffe in der Oeffentlichkeit grundsätzlich von der polizeilichen Erlaubnis abhängig gemacht. Wenn es jedermann erlaubt ist, in der Oeffentlichkeit Waffen zu führen, die schußbereit sind, oder leicht schußbereit zu machen sind, so entsteht daraus eine schwere Gefahr für die öffentliche Sicherheit und Ordnung; denn viele Personen machen alsdann, sei es aus Leichtsinn oder aus verbrecherischer Neigung, in unzulässiger Weise von der Waffe Gebrauch. Diese Gefahren bestehen nicht in demselben Umfang, wenn jemand lediglich in seiner Wohnung, seinen Geschäftsräumen oder seinem befriedeten Besitztum eine Waffe bei sich hat.[43])

Unter „Führen" einer Schußwaffe ist nicht jedes Beisichhaben oder =tragen einer derartigen

---

[42]) RG. § 15, AusfB. § 18.
[43]) Begr. zu Abschn. IV § 15.

Waffe zu verstehen, sondern ein „Führen" der Waffe liegt nur dann vor, wenn das Beisichtragen zu dem Zwecke erfolgt, gegebenenfalls von ihr Gebrauch zu machen. So kann es z. B. keinem Zweifel unterliegen, daß, wer eine geladene Waffe bei sich trägt, die Waffe führt. Auch in dem Tragen einer ungeladenen Waffe kann unter Umständen ein Führen der Waffe liegen, z. B. wenn der Träger bei einem Raubüberfall die Waffe zur Bedrohung des Ueberfallenen benutzt oder nachweisbar zu diesem Zwecke bei sich führt. Im Einzelfalle kann es zweifelhaft sein, ob ein Führen einer Waffe vorliegt, wenn jemand eine ungeladene Waffe bei sich hat. Es wird in solchem Falle darauf ankommen, ob er sie gegebenenfalls benutzen wollte oder ob es sich um ein bloßes Verbringen der Waffe von einer Stelle zur andern handelt.[44]) Als Führen einer Waffe gilt nach ausdrücklicher Bestimmung des Gesetzes nicht ihr Gebrauch auf polizeilich genehmigten Schießständen; diese Vorschrift soll zur Erleichterung der Ausübung des Schießsports dienen.[45]) Anderseits ist es als Führen nicht anzusehen, wenn der Waffenbesitzer oder ein Bote des Geschäfts die Waffe verpackt oder zwecks Reparatur zur Post oder zu einer Reparaturwerkstatt usw. trägt.

II. Gültigkeitsgebiet.

Der Waffenschein ist grundsätzlich für das ganze Reichsgebiet gültig. Es sollte dadurch den modernen Verkehrsverhältnissen Rechnung getragen werden. Seine Geltung kann aber auf

---

[44]) Begr. zu § 15, VollzB. Ziff. III, 2 Abs. 1.

[45]) RG. § 15 Abs. 1 Satz 2. Zuständig zur Erteilung der polizeilichen Genehmigung eines Schießstandes sind in Bayern die Bezirkspolizeibehörden und die Polizeidirektion in München oder Nürnberg-Fürth. (PStGB. Art. 78; V. v. 4. Januar 1872 § 22 — Weber Bd. 7 S. 258.

bestimmte ausdrücklich bezeichnete Gelegenheiten und Oertlichkeiten beschränkt werden. Es kann nämlich der Fall eintreten, daß das Führen einer Waffe zwar in beschränktem Umfange geboten, darüber hinaus aber unnütz ist, z. B. für Wächter bei Begehung der von ihnen zu bewachenden Anlagen, bei Kassenboten bei Besorgung ihrer Kassenbotengänge. Um ein überflüssiges Führen von Schußwaffen zu unterbinden, ist es erwünscht in Fällen solcher Art den Waffenschein nur in beschränkter Geltung auszustellen.[46])

Das vorgeschriebene Formblatt des Waffenscheines enthält folgenden Aufdruck: „Zum Führen von Schußwaffen in öffentlichen Versammlungen und Umzügen berechtigt dieser Waffenschein nicht." Der Hinweis ist erfolgt auf Grund des Vereinsgesetzes vom 19. April 1908 § 11 — RGBl. S. 151 —.[47])

III. Gültigkeitsdauer.

Der Waffenschein gilt für die Dauer eines Jahres vom Tage der Ausstellung ab gerechnet, soweit nicht eine kürzere Geltungsdauer auf ihm vermerkt ist.[48])

IV. **Zuständig** zur Ausstellung ist die Bezirkspolizeibehörde (Abschn. I Buchst. B), in deren Amtsbereich der Antragsteller seinen Wohnsitz oder dauernden Aufenthalt hat. In dringenden Fällen ist zur Ausstellung auch die Polizeibehörde zuständig, in deren Amtsbereich sich der Antrag-

---

[46]) RG. 15 Abs. 2; Begr. zu § 15; VollzB. Ziff. III, 2 Abs. 2.

[47]) Vereinsgesetz § 11: Niemand darf in einer öffentlichen Versammlung oder einem Aufzug, der auf öffentlichen Straßen oder Plätzen stattfinden soll, bewaffnet erscheinen, es sei denn, daß er vermöge öffentlichen Berufes zum Waffentragen berechtigt oder zum Erscheinen mit Waffen behördlich ermächtigt ist.

[48]) RG. § 15 Abs. 3.

steller nur vorübergehend aufhält oder in deren Amtsbereich sein Einreiseort liegt; jedoch ist in diesen Fällen die Geltungsdauer des Waffenscheines auf höchstens drei Monate festzusetzen.[49]).

B. Ueberlassen und Erwerb von Schußwaffen und Munition: Waffenerwerbschein, Munitions-Erwerbschein. Anzeigepflicht.

I. Verpflichtung zum Erwerb und zur Abgabe des Waffen- (Munitions-) erwerbscheines.

Schußwaffen oder Munition dürfen nur gegen Aushändigung eines nach dem vorgeschriebenen Muster behördlich ausgestellten Waffen-Erwerbscheines oder Munitions-Erwerbscheines überlassen oder erworben werden.[50])

Die Vorschrift trifft jedes, auch das nicht gewerbsmäßige Ueberlassen. Die Bestimmung wurde geschaffen, um den Verkehr mit Schußwaffen wirklich lückenlos regeln und überwachen zu können; sie war erforderlich, um eine Umgehung des Gesetzes zu verhindern, da der Nachweis, daß die Ueberlassung gewerbsmäßig erfolgt ist, gerade bei unzulässigem Veräußern häufig sehr schwer zu führen sein würde.

Unter „Ueberlassen" ist sowohl die Uebertragung des Eigentums als auch Uebertragung des unmittelbaren oder mittelbaren Besitzes zu verstehen.[51])

---

[49]) AusfV. § 17.

[50]) RG. § 10 Abs. 1; AusfV. § 13.

[51]) Begr. zu § 10, VollzBek. Ziff. III 1 Satz 1: Unmittelbarer Besitz: BGB. § 854, mittelbarer Besitz: BGB. § 868. Der Besitzdiener ist rechtlich nicht Besitzer; BGB. § 855: „Uebt jemand die tatsächliche Gewalt über eine Sache für einen anderen in dessen Haushalt oder Erwerbsgeschäft oder in einem ähnlichen Verhältnis aus, vermöge dessen er den sich auf die Sache beziehenden Weisungen des andern Folge zu leisten hat, so ist nur der andere Besitzer."

Dadurch, daß neben dem Ueberlassen ausdrücklich auch das Erwerben aufgeführt ist, ist klar gestellt, daß Personen, denen kein Erwerbschein ausgestellt ist, verboten ist, Schußwaffen oder Munition zu erwerben.

II. Gültigkeitsdauer.

Der Schein gilt für die Dauer eines Jahres vom Tage der Ausstellung ab gerechnet, soweit nicht eine kürzere Gültigkeitsdauer auf ihm vermerkt ist.[52]).

III. Bezugsrecht.

Der Waffenerwerbschein berechtigt nur zum Erwerb einer Schußwaffe, sofern nicht die Berechtigung zum Bezug einer höheren Zahl auf ihm vermerkt ist.[52a])

Der Munitionserwerbschein berechtigt zum Erwerbe von 50 Patronen mit Mantelgeschoß oder von 50 Kugelpatronen für Faustfeuerwaffen, sofern nicht die Berechtigung zum Bezug einer niedrigeren oder höheren Zahl auf ihm vermerkt ist. Zum Ueberlassen oder Erwerbe von anderer Munition bedarf es eines Munitionserwerbscheines nicht.[52a])

IV. Zuständig

zur Ausstellung der Scheine ist die Bezirkspolizeibehörde (Abschn. I Buchst. B), in deren Amtsbereich der Antragsteller seinen Wohnsitz oder dauernden Aufenthalt hat. In dringenden Fällen ist zur Ausstellung auch die Polizeibehörde zuständig, in deren Amtsbereich sich der Antragsteller nur vorübergehend aufhält; diese hat von der Ausstellung die Polizeibehörde, in deren Amtsbereich der Antragsteller seinen Wohnsitz oder dauernden Aufenthalt hat, zu benachrichtigen.

---

[52]) RG. § 10 Abs. 2.
[52a]) AusfB. § 12.

wenn der Ort des Wohnsitzes oder dauernden Aufenthaltes innerhalb des Deutschen Reichs liegt.

Hat der Antragsteller seinen Wohnsitz oder dauernden Aufenthalt nicht innerhalb des Deutschen Reiches, so ist zur Ausstellung die Polizeibehörde zuständig, in deren Amtsbereich der Aufenthalts- oder Einreiseort liegt.[53])

V. Erwerb von Schußwaffen oder Munition von Todes wegen.

Wer Schußwaffen oder Munition von Todes wegen erwirbt, hat dies unter Angabe der Art und Zahl, bei Schießpulver des Gewichtes, der von ihm erworbenen Schußwaffen oder Munition binnen sechs Wochen nach dem Tage, an dem er von dem Erwerbe Kenntnis erlangt hat, der zuständigen Behörde anzuzeigen.[54]) Für den Erwerb von Todes wegen ist also an die Stelle der Verpflichtung zur Beibringung eines Waffen- (Munitions-) Erwerbscheines die bloße Anzeigepflicht gesetzt, weil hier der Erwerb kraft Gesetzes eintritt. Der Anzeige bedarf es, um zu verhindern, daß Personen, die Schußwaffen oder Munition nicht besitzen dürfen (S. unten Buchst. C Ziff. II), durch Erwerb von Todes wegen aber in ihren Besitz gekommen sind, diese Gegenstände behalten.[55])

Zuständige Behörde ist die Bezirkspolizeibehörde, in deren Amtsbereich der Erbe seinen Wohnsitz oder dauernden Aufenthalt hat.

Hat der Erbe seinen Wohnsitz oder dauernden Aufenthalt nicht innerhalb des Deutschen Reiches, so ist die Polizeibehörde zuständig, in deren Amtsbereich sich die Schußwaffen oder Munition zur Zeit des Erbfalls befinden.[56])

---

53) AusfV. § 11.
54) RG. § 14.
55) Begr. zu § 14.
56) AusfV. § 16.

Strafbestimmung: RG. § 25 Abs. 1, Ziff. 3, Abs. 2 § 26.

C. Gemeinsames für A und B.

I. Voraussetzungen für die Ausstellung der Waffen-(Munitions-)Erwerbscheine und Waffenscheine.

Waffen-(Munitions-)Erwerbscheine od. Waffenscheine dürfen nur an Personen, gegen deren Zuverlässigkeit kein Bedenken besteht, ausgestellt werden, Waffenscheine außerdem nur bei Nachweis eines Bedürfnisses.[57]) Grundsätzlich muß davon ausgegangen werden, daß nur solche Personen diese Scheine erhalten dürfen, von denen erwartet werden kann, daß sie von den Schußwaffen keinen unzulässigen Gebrauch machen. Die zur Feststellung dieser Voraussetzung erforderliche Prüfung kann in den Fällen milder sein, in denen der Erwerber die Waffe lediglich innerhalb seiner Wohnung, seiner Geschäftsräume oder seines befriedeten Besitztums (z. B. zum Schutze gegen Einbrecher) benutzen will. Sie muß dagegen strenger sein, wenn der Erwerber die Waffen außerhalb dieser Oertlichkeiten benutzen, sie also i. S. des Gesetzes „führen“ will. Es muß erstrebt werden, daß nur in Ausnahmefällen jemand außerhalb seiner Wohnung usw. eine Waffe bei sich trägt. Es soll aber jeder einen Waffen-(Munitions-)Erwerbschein erhalten können, gegen den nicht polizeilicherseits etwa Bedenken in der Richtung bestehen, daß er von der Schußwaffe einen unzulässigen Gebrauch machen wird. Diese Voraussetzung soll auch für die Erteilung des Waffenscheines gelten. Darüber hinaus soll aber die Erteilung des Waffenscheins davon abhängig gemacht werden, daß bei dem Antragsteller ein

---

[57]) RG. § 16 Abs. I Satz 1.

Bedürfnis für das „Führen" einer Schußwaffe besteht.[58])

Die Ausstellung hat insbesondere zu unterbleiben

1. an Personen unter 20 Jahren

2. an Entmündigte oder geistig Minderwertige; ob eine Person entmündigt ist, läßt sich ohne weiteres beim Vormundschaftsgerichte feststellen. Schwieriger ist die Frage der geistigen Minderwertigkeit zu beurteilen. Aber auch hier ist anzunehmen, daß die Verwaltungsbehörden im allgemeinen die Möglichkeit haben, ohne große Schwierigkeiten diese Eigenschaft festzustellen. Häufig wird es sich dabei um Personen handeln, bei denen bereits in früheren Strafverfahren durch Sachverständige die geistige Minderwertigkeit festgestellt worden ist.

3. an Zigeuner oder nach Zigeunerart umherziehende Personen;

In den Händen von Zigeunern und nach Zigeunerart umherziehenden Personen bilden Schußwaffen eine große Gefahr für die öffentliche Sicherheit. Die wenigen Polizeibeamten auf dem Lande sind größeren Zigeunerbanden insbesondere dann nicht gewachsen, wenn diese mit Schußwaffen versehen sind. Die Schußwaffen werden von den Zigeunern und nach Zigeunerart umherziehenden Personen zudem regelmäßig zu verbotenen Zwecken benutzt.

4. an Personen, die wegen Zuwiderhandlungen gegen die §§ 81, 83 bis 90, 105, 106, 107, 107a, 110 bis 120, 122, 123 Abs. 2, §§ 124 bis 130, 181a, 211 bis 216, 223 bis 228, 240, 241, 243, 244, 249 bis 255, 292 bis 294, 296, 340, 361 Nr. 3, 4, 5 und 10 des Strafgesetzbuches, gegen § 148 des Vereinszollgesetzes vom 1. Juli 1869 (Bundesgesetzbl. S. 317),

---

[58]) Begr. zu § 16.

gegen das Gesetz gegen den verbrecherischen und gemeingefährlichen Gebrauch von Sprengstoffen vom 9. Juni 1884 (Reichsgesetzbl. S. 61), gegen die Verordnung des Rates der Volksbeauftragten über Waffenbesitz vom 13. Januar 1919 (Reichsgesetzbl. S. 31, 122), gegen das Gesetz über die Entwaffnung der Bevölkerung vom 7. August 1920 (Reichsgesetzbl. S. 1553), gegen die §§ 1, 2, 4 bis 7, 8 Nr. 3, § 19 des Gesetzes zum Schutze der Republik vom 21. Juli 1922 (Reichsgesetzbl. I S. 585) oder gegen die Vorschriften dieses Gesetzes zu einer Freiheitsstrafe von mehr als zwei Wochen rechtskräftig verurteilt worden sind, wenn seit der Verbüßung, der Verjährung oder dem Erlasse der Strafe noch nicht fünf Jahre verflossen sind; ist die Strafe nach einer Probezeit erlassen, so läuft die Frist von fünf Jahren von dem Beginne der Probezeit;

5. an Personen, gegen die auf Zulässigkeit von Polizeiaufsicht oder auf Verlust der bürgerlichen Ehrenrechte erkannt worden ist, für die Dauer der Zulässigkeit der Polizeiaufsicht oder des Verlustes der bürgerlichen Ehrenrechte.[59])

Diese Versagungsgründe sind aber nicht erschöpfend. Die ausstellende Behörde hat vielmehr in jedem einzelnen Falle genau zu prüfen, ob der Antragsteller die Gewähr dafür bietet, daß er durch die Schußwaffe die öffentliche Sicherheit und seine Mitmenschen nicht gefährden wird.

Ausnahmen von vorstehender Nr. 1, 3 und 4 können auf Antrag von der zuständigen Behörde bewilligt werden.[60])

Zuständig ist die Bezirksverwaltungsbehörde (Abschn. I Buchst. B) des Bezirkes, in dem der Antragsteller seinen Wohnsitz oder dauernden Auf-

---

[59]) RG. § 16 Abs. I Satz 2; Begr. zu § 16; VollzB. Ziff. III, 3.

[60]) RG. § 16 Abs. 3.

enthalt hat; hat der Antragsteller einen solchen nicht innerhalb des Deutschen Reiches, so ist die Bezirksverwaltungsbehörde des Bezirkes zuständig, in dem sich der Antragsteller nur vorübergehend aufhält.[61])

II. Verbotener Besitz von Schußwaffen und Munition.

1. a) Personen, denen nach Ziffer I ein Waffen-(Munitions-) Erwerbschein oder ein Waffenschein nicht ausgestellt werden darf, sind, wenn nicht eine Ausnahme (Ziff. I Abs. 4) besonders bewilligt ist, auch zum Besitz von Schußwaffen und Munition nicht berechtigt.[62]) Solche Personen bieten im allgemeinen keine Gewähr dafür, daß sie von der Schußwaffe keinen unzulässigen Gebrauch machen; es ist ihnen daher, im Gegensatz zur übrigen Bevölkerung, auch der bloße Besitz von Schußwaffen und Munition verboten.[63])

b) Die fraglichen Personen haben die in ihrem Besitz befindlichen Schußwaffen und Munition unverzüglich der zuständigen Behörde gegen Empfangsbescheinigung in Verwahrung zu geben; haben sie einen gesetzlichen Vertreter, so liegt ihm diese Verpflichtung ob.[64])

Zuwiderhandlungen werden mit Gefängnis bis zu 3 Jahren und mit Geldstrafe oder mit einer dieser Strafen bestraft; neben der Strafe können die Schußwaffen und die Munition ohne Rücksicht darauf, ob sie dem Täter gehören, eingezogen werden; ist die Verfolgung oder Verurteilung einer bestimmten Person nicht durchführbar, so kann auf die Einziehung der Schußwaffen und der Munition selbständig erkannt werden (sog. objektes Verfahren).[65]) Bei Personen, die

[61]) AusfV. § 19.
[62]) RG. § 17 Abs. 1.
[63]) Begr. zu § 19; VollzV. Ziff. III 4.
[64]) RG. § 17 Abs. 2 Satz 1 und 2.
[65]) RG. § 25 Abs. 1 Ziff. 1, Abs. 2.

beim Inkrafttreten des Gesetzes unberechtigterweise im Besitz von Schußwaffen und Munition waren, tritt die Strafbarkeit erst mit dem Ablauf von 6 Wochen nach diesem Zeitpunkt ein.[66])

Tritt bei einer der fraglichen Personen ein Verbotsgrund nach Ziffer I zu einem späteren Zeitpunkt ein oder erwirbt eine der fraglichen Personen Schußwaffen und Munition von Todes wegen, so hat sie die Gegenstände ebenfalls unverzüglich, d. h. nach allgemeinen Rechtsgrundsätzen ohne schuldhaftes Zögern abzuliefern, widrigenfalls sie sich strafbar macht.[67])

c) Die zuständige Behörde hat für entsprechende Verwahrung der abgelieferten Gegenstände Sorge zu tragen. Verfügen die Beteiligten oder ihre gesetzlichen Vertreter nicht binnen 6 Monaten zugunsten eines i. S. des Gesetzes Berechtigten dadurch, daß sie den Herausgabeanspruch abtreten, so kann die zuständige Behörde die Uebereignung der Gegenstände an sich gegen Zahlung des gemeinen Wertes verlangen. Das Eigentum geht durch Zustellung des Enteignungsbescheides über. Der gemeine Wert wird von der zu ständigen Behörde festgesetzt, die die Enteignun= vornimmt. Gegen die Festsetzung ist unter Ausg schluß des Rechtsweges binnen zwei Wochen nur Beschwerde zur vorgesetzten Regierung, Kammer= des Innern, zulässig; die Regierung entscheidet endgültig.

Der Entschädigungsbetrag ist von der zuständigen Behörde aus bereiten Mitteln vorschußweise zu bezahlen und zum Schluß des Rechnungsjahres oder wenn veranlaßt halbjährlich, bei der vorgesetzten Regierung, Kammer des Innern, zum Rückersatz anzufordern. Die Regie=

---

[66]) RG. § 31.
[67]) Begr. zu § 16, VollzB. Ziff. III, 4.

rungen bezahlen den Betrag aus den ihnen überwiesenen Mitteln zu Lasten des Haushaltansatzes „Uebrige Ausgaben auf den Polizeidienst". Falls die den Regierungen im laufenden Haushalt zugeteilten Mittel hierfür nicht ausreichen sollten, ist rechtzeitig Zuschußantrag beim Staatsministerium des Innern zu stellen.

Enteignete Schußwaffen und Munition sind von der zuständigen Behörde dem zuständigen Finanzamt zur Verwertung zu überweisen.[68])

2) Um Härten zu vermeiden, kann die zuständige Behörde Ausnahmen zulassen und dem zur Ablieferung Verpflichteten den weiteren Besitz der Schußwaffen und Munition auf jederzeitigen Widerruf gestatteten, wenn nach Lage des Einzelfalles die Gewähr besteht, daß von den Gegenständen kein unzulässiger Gebrauch gemacht wird.[69]) Wird Zigeunern oder nach Zigeunerart herumziehenden Personen ausnahmsweise die Erlaubnis erteilt, so hat die zuständige Behörde Abdruck der Erlaubniserteilung der Zigeuner-Polizeistelle bei der Polizeidirektion München mitzuteilen.[70])

3) Zuständig ist die Bezirkspolizeibehörde (Abschn. I Buchst. B), in dem die Beteiligten ihren Wohnsitz oder dauernden Aufenthalt haben; haben sie innerhalb des Deutschen Reiches ihren Wohnsitz oder dauernden Aufenthalt nicht, so ist die Bezirkspolizeibehörde zuständig, in deren Amtsbereich sie sich nur vorübergehend aufhalten.[71])

III. Widerruf und Einzug der Waffen-(Munitions-)Erwerbscheine u. Waffenscheine.

Die Scheine sind durch die zuständige Bezirks-

[68]) RG. § 17 Abs. 2, VollzB. Ziff. III 4.
[69]) RG. 17 Abs. 3.
[70]) VollzB. Ziff. III, 4 Abs. 2.
[71]) AusfB. §§ 19, 20.

polizeibehörde zu widerrufen und einzuziehen, wenn die Voraussetzungen für die Erteilung nicht gegeben waren oder nicht mehr vorliegen. Im Falle des Widerrufes kann die zuständige Behörde zugleich die Ablieferung der Schußwaffen und Munition verlangen; die Vorschriften in Ziff. II finden entsprechende Anwendung.[72])

IV. Gebühren für Ausstellung von Waffenerwerbs- und Waffenscheinen.

Für die Ausstellung von Waffenerwerbscheinen und Waffenscheinen werden in Bayern folgende Gebühren erhoben:

erste Ausstellung eines Waffenscheines oder Waffenerwerbscheines	2—3 *RM*
erste Ausstellung eines Waffenscheines einschließl. des Waffenerwerbscheines	2—5 *RM*
jede Erneuerung eines dieser Scheine	2 *RM*

Die Gebühren ermäßigen sich bei Schußwaffen von nicht mehr als 6 mm Kaliber auf 1 *RM* und zwar für die Ausstellung oder die Erneuerung eines dieser Scheine.

Für Doppel werden nur Schreibgebühren erhoben und zwar 30 *RPfg.* für die Seite.[73])

Gegenüber Mitgliedern von Vereinen, die unter staatlicher Führung sich mit der Ertüchtigung der Jugend befassen, soll die Gebühr nach Weisung des Staatsministeriums des Innern in geeigneten Fällen bis auf 20 *RPfg.* ermäßigt werden.[74])

---

[72]) RG. § 18; VollzV. Ziff. III, 4 Abs. 3; AusfV. § 20.

[73]) RG. § 20. AusfV. § 21; VollzV. Ziff. III 5; Kostengesetz vom 16. Februar 1921 in der Fassung vom 4. Januar 1924 und 13. Mai 1927 Art. 143 Abs. I Ziff. 2, 161 Abs. II — GVBl. 1921 S. 134; 1924 S. 7. 1927 S. 134 —.

[74]) VollzV. Ziff. III, 5; MBek. vom 4. Jan. 1924 Ziff. 8 — GVBl. S. 7 —.

Für Ausstellung von Munitionserwerbscheinen werden Gebühren nicht erhoben.[75])

V. Ausnahmen.

1. Waffenerwerb- oder Munitionserwerbscheine sind nicht notwendig für

a) die Ueberlassung von Schußwaffen oder Munition auf einem polizeilich genehmigten Schießstand[76]) zur Benutzung lediglich auf diesem Schießstand; die Vorschrift soll zur Erleichterung der Ausübung des Schießsportes dienen,

b) die Versendung von Schußwaffen oder Munition unmittelbar in das Ausland; dem Ausland stehen gleich

aa) die Zollausschüsse mit Ausnahme von Helgoland und der badischen Zollausschüsse,

bb) die Freibezirke,

cc) die Freizone von Lübeck;

Durch diese Vorschrift soll sichergestellt werden, daß der Erwerbschein nur fortfällt, wenn die Ueberlassung nicht schon im Inland, sondern erst im Ausland erfolgt („unmittelbar"). Kein Erwerbschein ist notwendig, wenn die Gegenstände an das Freihafenlager einer Exportfirma zum Beipack gesendet werden.

c) die Uebermittlung von Schußwaffen und Munition durch Personen, die gewerbsmäßig Güterversendungen besorgen oder ausführen, insbesondere durch Spediteure, Frachtführer, Verfrachter eines Seeschiffes, die Post oder die Eisenbahn.

Die Vorschrift war notwendig, da auch die Uebergabe an den Spediteur usw. zur Beförderung als ein Ueberlassen i. S. von Abschn. II Buchst. A Ziff. I anzusehen ist.[77])

---

[75]) RG. § 20 Abs. 2.

[76]) Siehe Fußnote 45.

[77]) RG. § 10 Abs. 3, Begr. zu § 10.

2. Eines Waffen- oder Munitions-Erwerbscheines bedürfen nicht[78]).

a) Behörden des Reiches oder der Länder, sowie die Deutsche Reichsbahngesellschaft; inwieweit die Behörden mit den von ihnen bezogenen Schußwaffen ihr Personal ohne Erwerbscheine für dieses beliefern dürfen, regelt sich nach Ziffer 3.

b) Gemeindebehörden, denen die oberste Landesbehörde den Erwerb ohne Erwerbschein gestattet hat; eine Befreiung von dem Erwerbscheinzwang wird den Gemeindebehörden nur bei nachgewiesenem Bedürfnis erteilt; etwaige Anträge sind mit den erforderlichen Unterlagen auf dem Dienstweg dem Staatsministerium des Innern vorzulegen.[79])

c) Die Gewerbetreibenden nach Abschn. II A 2, die sich durch eine behördliche Bescheinigung ausweisen. Zuständig zur Ausstellung der Bescheinigung ist die Bezirkspolizeibehörde (Abschn. I B), in deren Amtsbereich der Handeltreibende seine gewerbliche Niederlassung hat oder betreiben will.[80]) Bei konzessionierten Händlern genügt es also, daß der Händler sich durch eine Bescheinigung ausweist, aus der sich seine Eigenschaft als solcher ergibt.

3. a)[81]) Eines Waffen- (Munitions-) Erwerbscheines bedürfen hinsichtlich der ihnen dienstlich gelieferten Schußwaffen oder Munition nicht.

aa) die Angehörigen der Deutschen Wehrmacht, die Polizeibeamten des Reiches und der Länder, sowie die Grenzaufsichts- und Zollfahndungsbeamten der Reichsfinanzverwaltung,

bb) Beamte oder Angestellte, denen von der zuständigen Reichs- oder Landesbehörde das Recht

---

[78]) RG. § 11.
[79]) VollzBek. Ziff. III 1 Abs. 1.
[80]) AusfV. § 15.
[81]) RG § 19.

zum Führen von Schußwaffen bei bestimmt zu bezeichnenden dienstlichen Anlässen verliehen ist oder auf Grund gesetzlicher Vorschriften zusteht. Bei ihnen tritt an Stelle des Waffenscheines die Bescheinigung der vorgesetzten Dienst- oder Aufsichtsbehörde.

Zum Verleihen des Rechtes zum Tragen von Schußwaffen im Dienst ist in Bayern das Staatsministerium des Innern zuständig, sofern nicht auf Grund anderer Vorschriften die Zuständigkeit einer Reichsbehörde oder einer anderen Landespolizei gegeben ist.[82])

b) Werden den unter aa und bb bezeichneten Personen Schußwaffen oder Munition dienstlich nicht geliefert, oder ist das Führen anderer als der dienstlich gelieferten Schußwaffen geboten, so ist die vorgesetzte Dienst- oder Aufsichtsbehörde befugt, ihnen eine Bescheinigung auszustellen, aus der das Recht zum Erwerb der Schußwaffen und der Munition oder zum Führen der Schußwaffen ersichtlich ist.

Die Befugnis der zuständigen Bezirkspolizeibehörde, einen Waffen- (Munitions-) Erwerbschein oder Waffenschein für diese Personen auszustellen, bleibt unberührt.[83])

Die Bestimmung in Ziff. 3 steht im engen Zusammenhang mit Ziff. 2.

4. Eines Waffenerwerbscheines bedürfen nicht Inhaber von Waffenscheinen in dem darin genehmigten Umfange.[84]) Bei Inhabern von Waffenscheinen wurde die Zuverlässigkeit der Beteiligten bereits geprüft; es erscheint deshalb nicht erforderlich, von ihnen zum Erwerb von Schußwaffen noch die Vorlage eines besonderen Waffenerwerbscheins zu verlangen; es genügt hier viel-

[82]) VollzB. Ziff. I Abs. 2.
[83]) Begr. zu § 19.
[84]) RG. § 12.

mehr, wenn der Ueberlasser auf dem Waffenschein die Ueberlassung der Schußwaffe vermerkt[85]) (siehe unten). Das Staatsministerium des Innern hat angeordnet, daß im Interesse der Geschäftsvereinfachung von der Ausstellung eines eigenen Waffenerwerbscheines abzusehen ist, in den Fällen, in denen auch ein Waffenschein auszustellen ist, da in diesem der Waffenerwerb genehmigt werden kann.[86])

5. Eines Munitionserwerbscheines bedürfen nicht Inhaber eines Waffenerwerbscheines oder Waffenscheines zum Erwerb der zu den betr. Waffen gehörigen Munition.[86a]) Zum Erwerb anderer Munition, sowie zum Erwerb von Munition in den Fällen, in denen der Erwerber keinen der bezeichneten Scheine besitzt, (z. B. eine Waffe, die er lediglich in seiner Wohnung hat, ohne sie in der Oeffentlichkeit „führen" zu wollen) bedarf es dagegen eines Munitionserwerbscheines.

Wird Munition nach dieser Bestimmung überlassen, so bedarf es keines Vermerkes hierüber auf dem Waffenerwerbschein oder Waffenschein.[87])

6. Der Jagdschein eines Deutschen Landes berechtigt im gesamten Reichsgebiet während der Dauer seiner Gültigkeit den Inhaber zum Führen von Jagdwaffen auf der Jagd, beim Jagdschutz und Uebungsschießen, sowie auf den dazu gehörigen Hin- und Rückwegen. In dem gleichen Umfange berechtigt der Jagdschein auch zum Führen einer Faustfeuerwaffe.[88])

Der Jahres-Jagdschein eines Deutschen Landes berechtigt im gesamten Reichsgebiete während der Dauer seiner Gültigkeit den Inhaber

[85]) Begr. zu § 12.
[86]) VollzB. Ziff. III 1 Abs. 2.
[86a]) RG. § 13.
[87]) Begr. zu § 18.
[88]) RG. § 21 Abs. 2.

zum Erwerbe von Jagdwaffen und Faustfeuerwaffen in dem darin vermerkten Umfange und zum Erwerbe von Munition für Jagd- und Faustfeuerwaffen.[89])

Die Erwerbsberechtigung ist also an den Besitz eines Jahres-Jagdscheines geknüpft, da bei Personen, die nur gelegentlich jagen und sich zu diesem Zweck von Fall zu Fall einen (Tages- oder Wochen-) Jagdschein ausstellen lassen, ein Bedürfnis nach erleichtertem Waffenerwerb nicht anzuerkennen ist. Um Mißbrauch zu verhindern, soll der Jahresjagdschein nicht in unbeschränktem Umfange zum Erwerb von Jagd- und Faustfeuerwaffen berechtigen, sondern nur in dem Umfang, der auf dem Jagdschein angegeben ist. Der Munitionserwerb auf Grund dieses Scheines ist dagegen, wie auch sonst, zahlenmäßig nicht beschränkt. Soweit die Inhaber eines Jagdscheines daher Jagdwaffen oder eine Faustfeuerwaffe führen wollen, ersetzt der Jagdschein den Waffenschein; soweit der Inhaber eines Jahresjagdscheines Jagdwaffen, Faustfeuerwaffen und Munition für diese Waffen erwerben will, ersetzt der Jagdschein den Waffen- (Munitions-) Erwerbschein.[90])

„Jagdwaffen" sind Schußwaffen, die zur Verwendung bei der Jagd auf jagdbare Tiere bestimmt sind und hierbei üblicherweise verwendet werden.[91])

Der Inhaber einer bayerischen Jagdkarte, die stets auf ein Kalenderjahr ausgestellt wird, hat also nicht nur das Recht zum Führen von Jagdwaffen und von einer Faustfeuerwaffe auf der Jagd, beim Jagdschutz und beim Uebungsschießen, sowie auf den dazu gehörigen Hin- und Rück-

---

[89]) RG. § 21 Abs. 1.
[90]) Begr. zu § 21.
[91]) AusfB. § 22.

wegen, es ist ihm auch der Erwerb von Jagd- und Faustfeuerwaffen in dem auf dem Scheine vermerkten Umfange gestattet. Die Vordrucke der Bayerischen Jagdkarten werden zu diesem Zweck vom Jahre 1929 ab dahin abgeändert, daß die Erwerbsberechtigung für Jagdwaffen und Faustfeuerwaffen sowie der erfolgte Erwerb solcher Waffen entsprechend vermerkt wird. In gleicher Weise werden auch die Vordrucke der Jagdkarten zum Betrieb von staatlichen und Verwaltungsjagden geändert; da diese Jagdkarten auch auf einen kürzeren Zeitraum als 1 Jahr ausgestellt werden können, ist gegebenenfalls der Vermerk über die Erwerbsberechtigung zu streichen.

Die Inhaber von Schutzgewehrscheinen (Jagdges. Art. 15 Abs. II) fallen unter die in Ziff. 3 Buchst. a, bb genannten Personen und zwar auch dann, wenn sie im Dienst eines Privatjagdbesitzers stehen. Demgemäß werden die Vordrucke des Schutzgewehrscheines folgenden Vermerk enthalten: „Der Inhaber dieses Scheines ist zum Führen und zum Erwerb der zum Jagd- und Forstschutz benötigten Schußwaffen samt Munition berechtigt.[92])

VI. Vermerk der Abgabe von Schußwaffen und Munition auf den Scheinen.

Wer Schußwaffen auf Grund eines Waffenerwerbscheines, Waffenscheines oder eines Jahres-Jagdscheines einem andern überläßt, hat auf dem Schein die Waffen nach Zahl, Art, aufgedruckter Firma oder Warenzeichen und Herstellungsnummer sowie das Datum der Ueberlassung mit Tinte oder Tintenstift zu vermerken. Wer Munition auf Grund eines Munitionserwerbscheines einem andern überläßt, hat auf dem Scheine die Munition

[92]) VollzB. Ziff. III, 6.

nach Zahl, Art und Kaliber, ferner das Fabrikat, soweit ersichtlich, sowie das Datum der Ueberlassung mit Tinte oder Tintenstift zu vermerken.

Der Erwerbschein ist dem Erwerber zurückzugeben, wenn die Zahl, auf die er lautet, noch nicht erreicht ist. Andernfalls hat der Ueberlasser den Erwerbschein binnen zwei Wochen der Polizeibehörde einzureichen, in deren Amtsbereich er seinen Wohnsitz hat. Gehört er zu den in § 2, 5 des RG. (Absch. II A I) bezeichneten Gewerbetreibenden, so hat er die Erwerbsscheine gesammelt am Ende jedes Kalendermonats der Polizeibehörde einzureichen, in deren Amtsbereich er seine gewerbliche Niederlassung hat. Den zum Erwerb berechtigenden Waffenschein oder Jahresjagdschein hat der Ueberlasser dem Erwerber stets zurückzugeben.[93])

D. **Die Einfuhr von Schußwaffen und Munition.**

Die Einfuhr ist nur auf Grund eines Waffen-(Munitions-)Erwerbscheines, eines Waffenscheines oder eines Jagdscheines in dem Umfange gestattet, in dem diese Scheine zum Erwerb von Schußwaffen und Munition berechtigen. Die Vorschrift findet keine Anwendung auf die in Abschn. III Buchst. C V Ziff. 2 bezeichneten Behörden und Gewerbetreibenden.[94])

Bei der Einfuhr ist der Erwerbsschein, der Waffen- oder der Jagdschein der Zollbehörde vorzulegen.

Werden Schußwaffen eingeführt, so vermerkt die Zollbehörde auf dem zur Einfuhr berechtigenden Scheine die eingeführten Waffen nach Zahl und Art sowie das Datum der Einfuhr. Sie vermerkt ferner aufgedruckte Firma oder Warenzeichen und Herstellungsnummer, soweit die Schußwaffen diese

---

[93]) AusfV. § 14.
[94]) RG. § 22.

Bezeichnung tragen. Wird Munition eingeführt, so bedarf es eines Vermerkes von Zahl, Art und Kaliber, ferner des Fabrikates, soweit ersichtlich, sowie des Datums der Einfuhr nur, wenn die Einfuhr auf Grund eines Munitionserwerbscheines erfolgt.

Die Zollbehörde gibt den Erwerbschein, wenn die Zahl, auf die er lautet, noch nicht erreicht ist, den Einführenden zurück. Andernfalls übersendet sie den Erwerbschein der Behörde, die ihn ausgestellt hat.

Den zur Einfuhr berechtigenden Waffenschein oder Jahresjagdschein gibt die Zollbehörde dem Einführenden stets zurück. [95])

E. Waffen- oder Munitionslager.

I. Zum Besitz eines Waffen- oder Munitionslagers, das nicht zu einem nach dem RG. genehmigten Gewerbebetriebe gehört oder sich nicht im Besitz einer der in Abschn. III Buchst. C Ziff. V 2 a u. b bezeichneten Behörden befindet, ist behördliche Genehmigung erforderlich. Die Genehmigung darf nur Personen erteilt werden, gegen deren Zuverlässigkeit keine Bedenken bestehen; auf die Erteilung und den Widerruf der Genehmigung finden die Bestimmungen nach Abschn. II A II Anwendung.

Als Waffenlager gilt ein Bestand von mehr als fünf Schußwaffen der gleichen Art, als Munitionslager ein Bestand von mehr als 100 Patronen. Bei Jagdwaffen gilt als Waffenlager ein Bestand von mehr als 10 Jagdwaffen, als Munitionslager ein Bestand von mehr als 1000 Jagdpatronen.[96])

Als Schußwaffen der gleichen Art i. S. des Gesetzes sind einerseits Handfeuerwaffen mit langem Lauf, andererseits Faustfeuerwaffen anzusehen.[97])

---

[95]) AusfV. § 23.
[96]) RG. § 23.
[97]) AusfV. § 24 Abs. 2.

Zum Besitz eines Munitionslagers bedarf es der Genehmigung nicht bei Schrotpatronen und bei Teschingpatronen mit Rundkugeln.[98]) Der Besitz von Munition für die Kleinkaliber-Sportbüchse ist dagegen genehmigungspflichtig, sobald es sich um einen Bestand von mehr als 100 Patronen handelt.[99])

Hält eine Fabrik, die lediglich Waffen, aber keine Munition herstellt, sich zum Einschießen der von ihr hergestellten Waffen ein Munitionslager oder hält eine Fabrik, die lediglich Munition herstellt, sich zum Ausproben der Munition ein Waffenlager, so wird es hierzu der Genehmigung bedürfen, da diese Lager nicht ohne weiteres als zum Gewerbebetriebe gehörend anzusehen sind. Die Genehmigung wird jedoch in diesem Falle stets zu erteilen sein, da das Vorliegen ihrer Voraussetzung (Zuverlässigkeit des Antragstellers) schon dadurch erwiesen ist, daß es sich um einen konzessionierten Hersteller handelt.[100])

II. Zuständig zur Erteilung der behördlichen Genehmigung ist die höhere Verwaltungsbehörde (Abschn. I Buchst. B) des Bezirkes, in dem sich das Waffen- und Munitionslager befindet. Sie hat, falls der Antragsteller seinen Wohnsitz oder dauernden Aufenthalt in einem anderen Bezirke hat, vor der Entscheidung die höhere Verwaltungsbehörde dieses Bezirkes zu hören.[101])

Insbesondere bei Munitionslagern ist neben der Zuverlässigkeit des Lagerhalters auch die einwandfreie Beschaffenheit der Aufbewahrungsräume zu würdigen. Soweit veranlaßt, ist die Genehmigung von entsprechenden Bedingungen abhängig zu machen.[102])

---

[98]) AusfV. § 24 Abs. 3.
[99]) VollzV. Ziff. IV, 7.
[100]) Begr. zu § 23.
[101]) AusfV. § 24 Abs. 3.
[102]) VollzV. Ziff. III, 7.

Bestehen polizeiliche Bedenken, so ist die Genehmigung zu versagen und für alsbaldige Auflösung des Lagers zu sorgen, gebotenenfalls ist die Einziehung der gelagerten Waffen und Munition zu veranlassen.[102])

Bei dem schnellen Verbrauch der Munition für die Kleinkaliber-Sportbüchse ist der genehmigungsfreie Bestand von 100 Patronen verhältnismäßig gering. Im Interesse des Kleinkalibersportes hat deshalb das Staatsministerium des Innern die zuständigen Behörden angewiesen, bei Erteilung der Genehmigung die Menge der einzulagernden Munition entsprechend groß zu bemessen, wenn es sich um Mitglieder polizeilich einwandfreier Kleinkaliberschützenverbände handelt. Die Gebühren für den Entscheid sind in geeigneten Fällen zu ermäßigen (siehe oben).

Von der Erteilung oder Versagung der Genehmigung haben die Bezirkspolizeibehörden von Oberbayern, Niederbayern, Pfalz und Schwaben der Polizeidirektion München, die der übrigen Regierungsbezirke der Polizeidirektion Nürnberg-Fürth Mitteilung zu machen.[103])

F. Verbot der sogen. Wilddiebsgewehre, der Schußwaffen zur Dämpfung des Schußknalles oder mit Scheinwerfern.

Die Herstellung, der Handel, die Einfuhr, das Führen sowie der Besitz von Schußwaffen, die zum schleunigen Zerlegen über den für Jagd- und Sportzwecke allgemein üblichen Umfang hinaus besonders eingerichtet oder in Stöcken, Schirmen, Röhren oder in ähnlicher Weise verborgen sind (sogen. Wilddiebsgewehre) sind verboten.

Verboten sind auch die Herstellung, der Handel, die Einfuhr, das Führen sowie der Besitz von

---

[102]) Siehe Fußnote S. 36.
[103]) VollzB. Ziff. III, 7 letzter Absatz.

Schußwaffen, die mit einer Vorrichtung zur Dämpfung des Schußknalles oder mit Gewehrscheinwerfern versehen sind. Das Verbot erstreckt sich auch auf die bezeichneten Vorrichtungen allein. Für die Herstellung solcher Waffen oder Vorrichtungen zur Ausfuhr können auf Antrag Ausnahmen bewilligt werden.[104]) Zur Bewilligung von Ausnahmen ist die höhere Verwaltungsbehörde (Abschn. I B) des Bezirkes zuständig, in dem der Antragsteller seine gewerbliche Niederlassung hat.[105])

Schußwaffen mit Scheinwerfern, die von Behörden des Reiches, der Länder oder von den in Abschn. III Buchst. C Ziff. V 2 b bezeichneten Gemeindebehörden zu dienstlichen Zwecken benötigt werden, fallen nicht unter dieses Verbot.[106])

Der Vorteil der Benutzung von Schalldämpfern beim Schießen in geschlossenen Räumen, auf Scheibenständen, in Gärten oder in Wäldern während der Schonzeit ist zwar nicht zu verkennen. Er wird aber aufgehoben durch die Nachteile, die ihrer Verwendung in krimineller Hinsicht entgegenstehen. Eine polizeiliche Kontrolle des Schießsportes wird bei Verwendung von Schalldämpfern erheblich erschwert werden, da Schießübungen in geschlossenen Räumen alsdann vielfach überhaupt nicht festgestellt werden können. Bei Angriffen auf Leib und Leben namentlich auch bei politischen Auseinandersetzungen, ist zu befürchten, daß Schußwaffen mit Schalldämpfern benutzt werden und dadurch die Feststellung des Sachverhaltes und der Täter äußerst erschwert wird. Vielfach, namentlich bei Jugendlichen, wird die Möglichkeit, einen Schalldämpfer zu verwenden, geradezu einen Anreiz zur Verwendung von Schußwaffen geben, da die Gefahr einer Entdeckung erheblich verringert wäre. Dasselbe trifft auf die Wilddiebe zu.

---

[104]) RG. § 24. [105]) AusfV. § 25 Abs. 1.
[106]) AusfV. § 25 Abs. 2.

In der Verwendung von Waffen mit sogen. Gewehrscheinwerfern ist nicht nur eine Gefahr für die Wildbestände sondern in der Hand des Wilderers auch eine sehr erhebliche Gefahr für den Jagdberechtigten und die mit dem Jagdschutz betrauten Personen zu erblicken.[107])

Abschnitt IV. Schlußbestimmungen.

Mit dem Inkrafttreten des Reichsgesetzes sind aufgehoben

I. die Verordnung über Waffenbesitz vom 13. Januar 1919 — RGBl. S. 31, 122 —[108]). Bestrafungen der bisher noch nicht rechtskräftig Abgeurteilten, wegen Zuwiderhandlungen gegen diese Verordnung können künftig nur noch stattfinden, soweit die Tat auch nach dem neuen Reichsgesetz strafbar ist (RStGB. § 2 Abs. 2.)[109],

II. folgende bayerische Vorschriften, soweit sie auf Schußwaffen sich beziehen:

1. V. v. 19. Nov. 1887 — GVBl. S. 655 — das Verbot des Feilhaltens und Führens von Waffen zur Verhütung von Gefahren für die Sicherheit der Personen betr.,

2. V. v. 5. Dez. 1921 — GVBl. S. 585 — über die Führung von Schußwaffen in den Landesteilen rechts des Rheins,

3. V. v. 20. Mai 1925 — GVBl. S. 152 — über die Führung von Waffen in der Pfalz,

4. Ges. v. 16. Juli 1926 Art. 4 — GVBl. S. 359 — zur Bekämpfung von Zigeunern, Landfahrern und Arbeitsscheuen.[110])

Die auf Grund der landesrechtlichen Vorschriften ausgestellten, zum Erwerb von Schußwaffen oder Munition oder zum Führen von Schußwaffen berechtigenden Bescheinigungen ver-

---

[107]) Begr. zu § 24. [108]) RG. § 34 Abs. 1.
[109]) Begr. zu § 34. [110]) VollzBek. Ziff. IV, 1.

lieren mit Ausnahme der Jagdscheine spätestens 6 Monate nach dem 1. Oktober 1928 ihre Gültigkeit.[111]) Die Jagdscheine sind ausgenommen, da ihre Ausstellung auch künftig nicht nach den Vorschriften des Reichsgesetzes; sondern auf Grund landesrechtlicher Vorschriften erfolgt.[112])

Teil II.

Faßt man das Ergebnis der vorstehenden Darstellung zusammen, so ergibt sich in großen Zügen folgendes:

A. I. 1. Die Herstellung von Schußwaffen und Munition sowie der Handel mit solchen Gegenständen ist genehmigungspflichtig. Die beim Inkrafttreten des Gesetzes — 1. Okt. 1928 — vorhandenen Gewerbetreibenden haben binnen 1 Monat nach diesem Zeitpunkt um die Genehmigung nachzusuchen (Teil I Abschn. II Buchst. A).

Ueber die Begriffe „Schußwaffen" und „Munition" siehe Teil I Abschn. I Buchst. A.

2a. Verboten ist der Handel mit Schußwaffen oder Munition im Umherziehen, dann auf Jahrmärkten, Schützenfesten und Messen mit Ausnahme von Mustermessen. Nicht unter dieses Verbot fallen das Feilhalten und Ueberlassen der auf den Schießständen benötigten Munition.

b. Verboten ist weiter öffentlichen und privaten Pfandleihern das Beleihen von Schußwaffen und Munition. (Teil I Abschn. II Buchst. A).

3. 6 Monate nach dem Inkrafttreten des Gesetzes dürfen im Inland nur solche Schußwaffen gewerbsmäßig feilgehalten oder anderen überlassen werden, die die Firma oder das eingetragene Warenzeichen des Herstellers oder des Händlers und eine fortlaufende Herstellungsnummer tragen.

---

[111]) RG. § 34 Abs. 2.

[112]) Begr. zu § 34.

Schußwaffen, die nicht die Firma oder das eingetragene Warenzeichen eines inländischen Herstellers tragen, müssen außer der Herstellungsnummer die Firma oder das eingetragene Warenzeichen eines im Inland wohnenden Händlers tragen.

II. Wer gewerbsmäßig Schußwaffen herstellt, bearbeitet oder instandsetzt oder wer mit Schußwaffen ein Gewerbe treibt oder Schußwaffen gewerbsmäßig vermittelt oder überläßt, muß ein Waffen- oder Waffenhandelsbuch führen. Der Veräußerer hat sich davon zu überzeugen, daß der Erwerber zum Erwerb von Schußwaffen berechtigt ist. Er hat sich zu diesem Zweck den Schein vorlegen zu lassen.

(Teil I Abschn. II Buchst. B).

III. Abdruck des RG. und der AusfV. ist in den Verkaufsräumen des Gewerbetreibenden an gut sichtbarer Stelle auszuhängen.

(Teil I Abschn. II Buchst. C).

B. I. 1. Wer außerhalb seiner Wohnung, seiner Geschäftsräume oder seines befriedeten Besitztums Schußwaffen „führt", muß einen behördlich ausgestellten Waffenschein bei sich tragen. Der Waffenschein gilt für das ganze Deutsche Reich auf die Dauer eines Jahres vom Tage der Ausstellung an gerechnet, wenn in demselben keine Beschränkungen auf Ort oder Zeit gemacht sind. Er berechtigt nicht zum Führen von Schußwaffen in öffentlichen Versammlungen und Umzügen.

(Teil I Abschn. III Buchst. A).

2. Schußwaffen oder Munition dürfen nur gegen Aushändigung eines behördlich ausgestellten Waffenerwerbscheins oder Munitionserwerbscheins (gewerbsmäßig oder nicht gewerbsmäßig) überlassen oder erworben werden. Die Scheine gelten auf ein Jahr vom Tage der Ausstellung an gerechnet, wenn nicht eine kürzere Geltung auf ihnen vermerkt ist.

Der Waffenerwerbschein berechtigt nur zum Bezug einer Schußwaffe, wenn nicht eine höhere Zahl auf ihm vermerkt ist. Der Munitionserwerbschein berechtigt zum Erwerb von 50 Patronen mit Mantelgeschoß oder 50 Kugelpatronen für Faustfeuerwaffen, wenn nicht eine höhere oder niedrigere Zahl auf dem Schein vermerkt ist. Andere Munition darf ohne Schein abgegeben werden.

Die Abgabe von Schußwaffen und Munition ist auf den Scheinen vom Veräußerer zu vermerken; die Scheine sind unter gewissen Voraussetzungen dem Inhaber vom Veräußerer abzunehmen und der Polizeibehörde abzuliefern.

(Teil I Abschn. III Buchst. B, C VI).

3. Waffen- (Munitions-) erwerbscheine oder Waffenscheine dürfen nur an zuverlässige Personen, Waffenscheine außerdem nur bei Nachweis eines Bedürfnisses ausgestellt werden. Verschiedene Personenkreise sind von der Ausstellung grundsätzlich ausgeschlossen (Teil I Abschn. III Buchst. C, Ziff. I). Diese Kreise dürfen auch Schußwaffen oder Munition nicht besitzen; sie müssen diese Gegenstände an die zuständige Behörde in Verwahrung geben und gegebenenfalls der Behörde gegen Entschädigung überlassen (Teil I Abschn. III Buchst. C Ziff. II).

Die Waffen- (Munitions-) erwerbscheine und Waffenscheine sind zu widerrufen und einzuziehen, wenn die Voraussetzungen für die Erteilung nicht gegeben waren oder nicht mehr vorliegen (Teil I Abschn. III Buchst. C Ziff. III).

4. Wer Schußwaffen oder Munition von Todes wegen erwirbt, hat dies der zuständigen Behörde anzuzeigen (Teil I Abschn. III Buchst. B Ziff. V).

II. Ausnahmen.

1. Auf einem polizeilich genehmigten Schießstand dürfen Schußwaffen und Munition ohne weiteres geführt, überlassen oder erworben werden (Teil I Abschn. III Buchst. C Ziff. V 1).

2. Der Inhaber eines Jagdscheines eines deutschen Landes ist berechtigt, im gesamten Reichsgebiet Jagdwaffen in unbeschränktem Umfang sowie eine Faustfeuerwaffe auf der Jagd, beim Jagdschutz und Uebungsschießen sowie auf den dazu gehörigen Hin- und Rückwegen zu führen. Der Inhaber eines Jahresjagdscheines eines deutschen Landes ist berechtigt, im gesamten Reichsgebiete Jagdwaffen und Faustfeuerwaffen in dem auf dem Schein vermerkten Umfang und Munition in unbeschränktem Umfang zu erwerben (Teil I Abschn. III Buchst. C Ziff. V 6).

3. Der Inhaber eines Waffenscheines bedarf keines Waffenerwerbscheines in dem in dem ersten Schein genehmigten Umfang (Teil I Abschn. III Buchst. C Ziff. V 4).

4. Der Inhaber eines Waffenerwerbscheines oder Waffenscheines bedarf keines Munitionserwerbscheines zum Erwerb der zu den betreffenden Waffen gehörigen Munition (Teil I Abschn. III Buchst. C Ziff. V 5).

5. Weitere Ausnahmen insbesondere für Behörden und Beamte siehe Teil I Abschn. III Buchst. C Ziff. V 2 und 3).

C. Die Einfuhr von Schußwaffen und Munition ist nur auf Grund eines Waffen- (Munitions-) erwerbscheines, eines Waffenscheines oder Jagdscheines in dem darin bezeichneten Umfange gestattet (Teil I Abschn. III Buchst. D).

D. Der Besitz eines Waffen- oder Munitionslagers ist bei anderen Personen als nichtkonzessionierten Gewerbetreibenden und Behörden genehmigungspflichtig.

Als Waffenlager gilt ein Bestand von mehr als fünf Schußwaffen der gleichen Art, als Munitionslager ein Bestand von mehr als hundert Patronen. Bei Jagdwaffen gilt als Waffenlager ein Bestand von mehr als zehn Jagdwaffen, als

Ueber=

Nr.	Schein	Der Schein zum Erwerb der	zum Führen außerhalb der Wohnung, der Geschäftsräume, od. des befriedeten Besitztums)
1	Waffenschein (RG. § 15)	Munition für die genehmigte Schußwaffe in unbeschränktem Umfang (RG. §§ 10, 13)	der im Schein bezeichneten Schußwaffen (RG. § 15)
2	Waffenschein mit Waffenerwerbsberechtigung (RG. §§ 15,13)	a. in dem Waffenschein bezeichneten Schußwaffen (RG. §§ 10, 12; AusfV. § 12, Abs. 1) b. Munition für die genehmigt. Schußwaffen in unbeschränktem Umfang (RG. §§ 10, 13)	wie vor
3	Waffenerwerbschein (RG. § 10)	a. in dem Waffenschein bez. Schußwaffen (RG. § 10, AusfV. § 12 Abs. 1) b. wie vor.	—
4	Munitionserwerbschein (RG. § 10)	Munition: 50 Patronen mit Mantelgeschoß oder 50 Kugelpatronen für Faustfeuerwaffen, wenn nichts anderes auf dem Schein vermerkt ist. Andere Munition ist frei. (RG. § 10; Ausf.=V. § 12 Abs. 2).	—
5	(Tages= oder Wochen=) Jagdschein eines deutschen Landes	—	a. v. Jagdwaffen auf der Jagd, beim Jagdschutz u. Uebungsschießen

sicht.

berechtigt	Gebühren (Stempel)		Bemerkungen
zur Einfuhr in das Deutsche Reich	Erste Ausfertigung *RM*	Erneuerung *RM*	
wie Erwerb (RG. § 22; AusfV. § 23).	2—3*) (RG. § 20; AusfV. § 11 VollzV. Ziff. III, 5).	2*)	*) Für Schußwaffen von nicht mehr als 6 mm Kaliber beträgt die Gebühr stets 1 *RM*, für Duplikate wird eine Schreibgebühr v. 30 *RPfg.* erhoben. Ermäßigung für Mitglieder von Vereinen, die unter staatl. Förderung sich mit der Ertüchtigung der Jugend befassen
wie vor	2—5*) (wie vor)	2*)	
wie vor	2—3*) (wie vor)	2*)	
wie vor	—	—	
—	Nach Landesrecht. Bayern: a. Jagdschein f. Personen, die im Deutschen Reich		JagdGes. Art. 14 Abs. 2, 16 Abs. 2 — Tarif Nr. 24 des Stempelges. v. 16. Febr. 1921

Nr.	Schein	Der Schein zum Erwerb der	zum Führen außerhalb der Wohnung, der Geschäftsräume, oder des befriedeten Besitztums)
			sowie auf den Hin- u. Rückwegen. b. von einer Faustfeuerwaffe (RG. §21 Abs. 2).
6	Jahresjagdschein	a. Jagdwaffen und Faustfeuerwaffen in dem auf dem Schein angegebenen Umfang b. Munition hierzu in unbeschränktem Umfang (RG. §21 Abs. 1).	wie vor
7	in Bayern: Schutzgewehrschein (JagdG. Art. 15 Abs. 2)	a. z. Jagd- u. Forstschutz benötigten Schußwaffen. b. dazu gehörigen Munition (RG. § 19).	der zum Jagd- u. Forstschutz benötigten Schußwaffen (RG. § 19).

berechtigt zur Einfuhr in das Deutsche Reich	Gebühren (Stempel) Erste Ausfertigung *RM*	Erneuerung *RM*	Bemerkungen
	keinen Wohnsitz haben, auf höchstens 4 Wochen: 50—100 *RM*, b. Jagdkarten zum Betrieb der staatl. Verwaltungsjagden, wenn auf kürzere Zeit als 1 Jahr ausgestellt: gebührenfrei.		i. d. F. v. 22. Jan. 1924 — GVBl. 1921 S. 216, 1924 S. 9. MBek. v. 24. Jan. 1921 Ziff. II 5a — GVBl. S. 241 —; VBek. vom 3. Dezember 1921 Ziff. 2 — MABl. S. 208. —.
wie oben	Nach Landesrecht. Bayern: a. Jagdkarte 50 *RM* ev. Erhöhung bis zum 100fachen f. Personen, die in Bayern keinen Wohnsitz haben, Ermäßigung auf die Hälfte für Forst- oder Jagdbeamte und im staatl. Ausbildungsdienste stehende Personen. b. Jagdkarten zum Betriebe d. staatl. Verwaltungsjagden, d. auf 1 Jahr ausgestellt sind: gebührenfrei.		Jagdges. Art. 15 Abs. 1, Art. 16 Abs. 1. Stempelgesetz wie vor. MBek. v. 2. April 1921 Ziff. II 5b — GVBl. S. 241 — MBek. v. 2 April 1921 Ziff II 5a — GVBl. S. 241 —; MBek. vom 3. Dezember 1921 Ziff. 2 — MABl. S. 208 —.
wie oben	Gebührenfrei (Jagdges. Art. 15 Abs. 2).		

Munitionslager ein Bestand von mehr als tausend Jagdpatronen (Teil I Abschn. III Buchst. E).

E. Verboten sind die Herstellung, der Handel, die Einfuhr, das Führen sowie der Besitz von sogen. Wilddiebsgewehren und von Schußwaffen mit einer Vorrichtung zur Dämpfung des Schußknalls oder mit Scheinwerfern (Teil I Abschn. III Buchst. F).

F. Ueber die Berechtigungen, welche die einzelnen Scheine demnach gewähren, gibt vorstehende Uebersicht Aufschluß.

G. Schluß- und Uebergangsbestimmungen.

1. Zuständig zur Ausstellung der Scheine und Erteilung der Genehmigungen sind mit wenigen Ausnahmen in Bayern die Bezirkspolizeibehörden, in München und in Nürnberg die Polizeidirektionen (Teil I Abschn. I Buchst. B).

2. Das Reichsgesetz tritt am 1. Oktober 1928 in Kraft. Die entgegenstehenden reichs- und landesgesetzlichen Vorschriften treten gleichzeitig außer Wirksamkeit. Die auf Grund der bisherigen Vorschriften ausgestellten Bescheinigungen zum Erwerb von Schußwaffen und Munition sowie zum Führen von Schußwaffen verlieren spätestens 6 Monate nach Inkrafttreten des Gesetzes ihre Gültigkeit; ausgenommen sind die Jagdscheine. (Teil I Abschn. IV).

Schlußbemerkung.

Das neue Gesetz ist jedenfalls geeignet, den verbrecherischen und leichtsinnigen Gebrauch von Schußwaffen zu verhindern oder wenigstens möglichst hintanzuhalten. Sache der Behörden ist es, die neuen Bestimmungen dem Sinne des Gesetzgebers entsprechend zu vollziehen. Wenn die vorstehenden Ausführungen dazu beitragen, die beteiligten Kreise über das neue Recht aufzuklären und den Behörden den Vollzug zu erleichtern, so ist ihr Zweck erfüllt.

Druck von Dr. F. P. Datterer & Cie., Freising-München

FSC
www.fsc.org
MIX
Papier | Fördert gute Waldnutzung
FSC® C083411

Kolibri 360 GmbH
Ferdinand-Jühlke-Straße 7
99095 Erfurt, Deutschland
produktsicherheit@kolibri360.de